北 京 市
高速公路收费罩棚维护维修预算编制办法

Beijing Shi
Gaosu Gonglu Shoufei Zhaopeng Weihu Weixiu Yusuan Bianzhi Banfa

北京市首都公路发展集团有限公司　主编

人民交通出版社股份有限公司
China Communications Press Co., Ltd.

图书在版编目(CIP)数据

北京市高速公路收费罩棚维护维修预算编制办法／北京市首都公路发展集团有限公司主编. — 北京：人民交通出版社股份有限公司，2018.6

ISBN 978-7-114-14676-3

Ⅰ.①北… Ⅱ.①北… Ⅲ.①高速公路—收费站—维修—预算编制—北京 Ⅳ.①U418.7

中国版本图书馆 CIP 数据核字(2018)第 089834 号

书　　名：	北京市高速公路收费罩棚维护维修预算编制办法
著　作　者：	北京市首都公路发展集团有限公司
责任编辑：	黎小东
责任校对：	刘　芹
责任印制：	张　凯
出版发行：	人民交通出版社股份有限公司
地　　址：	(100011)北京市朝阳区安定门外外馆斜街 3 号
网　　址：	http://www.ccpress.com.cn
销售电话：	(010)59757973
总 经 销：	人民交通出版社股份有限公司发行部
经　　销：	各地新华书店
印　　刷：	北京市密东印刷有限公司
开　　本：	880×1230　1/16
印　　张：	3
字　　数：	55 千
版　　次：	2018 年 6 月　第 1 版
印　　次：	2018 年 6 月　第 1 次印刷
书　　号：	ISBN 978-7-114-14676-3
定　　价：	35.00 元

(有印刷、装订质量问题的图书,由本公司负责调换)

《北京市高速公路收费罩棚维护维修预算编制办法》

编 委 会

主　　编：刘绍民　孔祥杰
副 主 编：张明月　段清乐　高　祥　刘星宇　佟　乐
编写人员：张　检　马保龙　孙海洋　谢　芳　张世忠　赵颜双
　　　　　于　泉　张天格　刘存来　赵永生　柳　辉　韩　鹏
　　　　　杨　勇　王　刚　朱婷婷　纪海颖　贾　辉　苏　濛

前　言

为适应北京市高速公路收费罩棚养护工程建设的需要,加强高速公路收费罩棚养护工程投资和造价控制,我们组织制定了《北京市高速公路收费罩棚维护维修预算编制办法》(以下简称《办法》)。本办法与北京市首都公路发展集团有限公司编制的《北京市高速公路收费罩棚维护维修预算定额》配套使用。

高速公路收费罩棚养护工程预算编制,是合理确定收费罩棚养护工程投资和有效控制养护工程造价的重要工作。由于目前国内收费罩棚养护预算定额标准及相应编制办法尚处于空白阶段,收费罩棚养护工程预算文件编制过程中,还存在项目组成和划分不统一,预算编制依据和费用标准不明确等问题。因此,制定本《办法》已是十分必要和紧迫。《办法》的制定发布将对高速公路管养单位加强收费罩棚养护工程建设的宏观调控,合理确定和有效控制造价,提高我国高速公路养护管理水平,起到积极的作用。

本《办法》的编制主要由北京市首都公路发展集团有限公司与北京市高速公路交通工程有限公司完成,在编制和审查中还征求了建设、运营、设计、施工和工程咨询单位的意见,并充分听取了公路养护工程设计概预算方面的专家意见。《办法》中各项费用标准是参考现行《公路工程基本建设项目概算预算编制办法》及在经过大量测算工作基础上合理确定的。

由于编制时间仓促,经验有限,书中不足之处欢迎读者批评指正。

作　者

2018 年 3 月

目　录

第一章　总则	1
第二章　预算编制办法	3
第一节　预算编制依据	4
第二节　预算文件组成	4
第三节　预算项目	5
第四节　预算费用组成	6
第三章　预算费用标准和计算方法	7
第一节　高速公路收费罩棚养护工程费	7
第二节　设备购置费	16
第三节　高速公路收费罩棚养护工程其他费用	16
第四节　预备费	19
第五节　各项费用的计算程序及计算方式	19
附录一　预算项目表	21
附录二　封面、扉页、目录及预算表格样式	28

第一章 总 则

一、为适应北京市高速公路收费罩棚养护工程发展的需要,加强高速公路收费罩棚工程养护、维修费用管理,统一北京市高速公路收费罩棚养护、维修工程预算的编制方法及取费标准,合理确定和有效控制高速公路收费罩棚工程的养护、维修工程投资,根据《公路养护技术规范》(JTG H10—2009)、《公路技术状况评定标准》(JTG H20—2007)、《关于印发〈建筑安装工程费用项目组成〉的通知》(建标〔2013〕44号)、《公路工程基本建设项目概算预算编制办法》(JTG B06—2007)、《公路养护工程预算编制导则》(JTG H40—2002)、《公路工程机械台班费用定额》(JTG/T B06-03—2007)、《公路工程预算定额》(JTG/T B06-02—2007)等规定,结合我市高速公路收费罩棚工程养护、维修的特点,制定《北京市高速公路收费罩棚维护维修预算编制办法》(以下简称本办法),并与《北京市高速公路收费罩棚维护维修预算定额》配套使用。

二、本办法适用于北京市行政区域内高速公路收费罩棚的日常养护与维修专项工程。

三、本办法对高速公路收费罩棚维护维修工程分类进行细分,将高速公路的日常养护细分为日常巡查、检查与技术状况评定、清洁、保养维修和加固改造等内容。日常巡查是指收费罩棚的实际使用或管理人员对收费罩棚及其附属设施进行的巡视检查。收费罩棚检查分为日常检查、定期检查、应急检查和专业检查,只有劳动力与机械投入。养护维修和加固改造是指高速公路收费罩棚及其配套设施各种病害的处理工作,主要为人工消耗、材料和机械消耗。维护维修工程预算是维护维修工程设计文件的重要组成部分,经审定后的预算是确定高速公路收费罩棚维护维修工程造价、签订工程承包合同、办理工程结算和测算高速公路收费罩棚维护维修工程成本的依据,也是分析测算施工企业投标报价合理性的参考依据。

四、本办法中的费用项目划分、预算项目划分以及计算方法,均系根据目前北京市高速公路收费罩棚维护维修工程的常规、正常养护作业情况制定的,包括由于不可抗力(如风、雨、洪水、地震等)造成的破坏、发生的抗灾抢险工程,以及其他突发性事件增加的工程抢修费用。

五、各级养护工程管理、设计(咨询)和施工单位应加强维护维修工程经济管理工作,配备和充实养护工程造价人员,切实做好预算的编制工作。高速公路收费罩棚的维护维修工程预算应由有资质的设计、工程(造价)咨询单位编制或收费罩棚养护管理单位编制,并对其编制质量负责。公路工程造价人员应不断提高专业素质,掌握设计、施工情况,做好设计方案的经济比较,使技术工作和经济工作结合起来,全面、有效地提高设计质量,合理确定养护工程造价。编制、审核人员必须持有公路工程造价人员职业资格证书,并对工程造价文件的编制质量负责。

六、高速公路收费罩棚维护维修工程预算编制必须严格执行国家的方针、政策和有关制度,符合公路养护、施工技术规范。文件应达到的质量要求是:符合规定、结合实际、经济合理、提交及时、不重不漏、计算正确、表格规范、字迹打印清晰、装订整齐完整。

七、高速公路收费罩棚维护维修工程预算工程中属于非公路专业的工程,应执行有关专业部门和北京市的统一直接工程费用定额和相应的间接费用定额,但其他费用应按照本办法中项目划分及计算办法编制。

第二章 预算编制办法

高速公路收费罩棚维护维修工程预算应以国家有关法令及法规、设计文件、《北京市高速公路收费罩棚维护维修预算定额》为依据;《北京市高速公路收费罩棚维护维修预算定额》缺项时,参考类似公路养护及工程预算定额。编制北京市高速公路收费罩棚维护维修预算定额时,应根据预算定额规定的各工程项目的人工、材料、机械台班消耗量,按北京市公路养护工程的人工费工日单价、材料预算单价和机械台班单价,计算出各维护维修工程项目的工、料、机费用,并按本办法第三章规定的取费标准计算各项费用。预算的材料、机械台班单价及各项费用计算都应通过规定的表格反映。

各种表格的计算顺序和相互关系见图2-1。

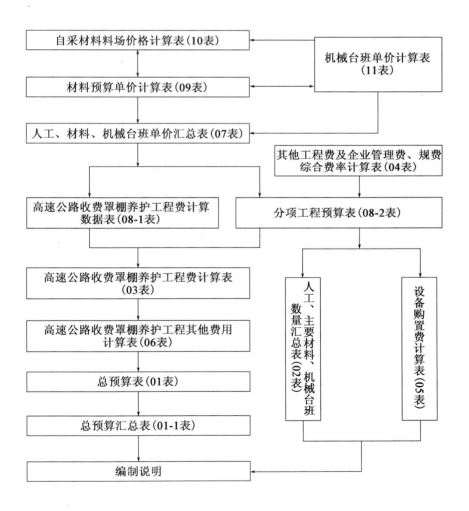

图2-1 各种表格的计算顺序和相互关系

第一节　预算编制依据

1. 国家发布的有关法律、法规、规章、规程等。
2. 《公路养护工程预算编制导则》(JTG H40—2002)。
3. 现行的《北京市高速公路收费罩棚维护维修预算定额》及本办法。
4. 交通运输部及北京市道路工程造价定额管理站发布的其他公路养护类补充计价依据。
5. 北京市的人工、材料、机械及设备预算价格等。
6. 北京市的自然、技术、经济条件等资料。
7. 养护工程施工方案和消耗量日志。
8. 有关合同、协议等。
9. 其他有关资料。

第二节　预算文件组成

预算文件由封面、扉页、目录、预算编制说明及全部预算计算表格组成。

一、封面、扉页及目录

预算文件的封面和扉页应按照《公路养护工程预算编制导则》(JTG H40—2002)的规定制作。预算文件的封面上,一般应列出高速公路收费罩棚管理养护企业名称、负责管养的路段及里程全长、文件名称、册数(第××册共××册)。

预算文件每册扉页的内容应包括高速公路收费罩棚管理养护企业名称、负责管养的路段及里程全长、编制单位,编制、复核人员姓名并加盖资格印章,编制年月。

预算文件的扉页应有建设项目名称,编制单位,编制、复核人员姓名并加盖资格印章,编制日期及册数(第××册共××册)等内容。

目录应按预算表的表号顺序编排。

二、编制说明

预算编制完成后,应写出编制说明,文字力求简明扼要。应叙述的内容一般有:

1. 养护工程概况,包括养护工程所在地区、项目名称、项目批准计划、文号、管理单位、技术等级、路面类型及结构形式、公路里程、交通量、路基宽度、主要构造物、沿线设施和绿化的布设情况、建成通车时间等。
2. 预算编制依据,包括与预算有关的委托书、协议书、会议纪要(或将复印件附后)、设计图纸等。
3. 采用的定额、费用标准,人工、材料、机械台班单价的依据或来源,补充定额及编制依据等的详细说明。
4. 总预算金额及主要材料用量。
5. 编制中存在的问题及其他与预算有关但不能在表格中反映的事项。

三、预算表格

收费罩棚养护工程预算应按统一的表格计算(表格样式见附录二)。

四、预算文件

预算文件是设计文件的组成部分,应按规定的份数,随设计文件一并报送。预算文件组成如图2-2所示。

预算文件
- 编制说明
- 总预算汇总表(01-1表)
- 总预算表(01表)
- 人工、主要材料、机械台班数量汇总表(02表)
- 高速公路收费罩棚养护工程费计算表(03表)
- 其他工程费及企业管理费、规费综合费率计算表(04表)
- 设备购置费计算表(05表)
- 高速公路收费罩棚养护工程其他费用计算表(06表)
- 人工、材料、机械台班单价汇总表(07表)
- 高速公路收费罩棚养护工程费计算数据表(08-1表)
- 分项工程预算表(08-2表)
- 材料预算单价计算表(09表)
- 自采材料料场价格计算表(10表)
- 机械台班单价计算表(11表)

图2-2 预算文件组成

在报送预算文件时,除上述组成内容外,还应提供"预算基础数据表"的电子文档,随同预算文件一并报送。

第三节 预算项目

预算项目应按项目表的序列及内容编制,如实际出现的工程和费用项目与项目表的内容不完全相符时,一、二、三、四部分和"项"的序号应保留不变,"目""节"可随需要增减,并按项目表的顺序以实际出现的"目""节"依次排列,不保留缺少的"目""节"的序号。如第二部分设备购置费在某项具体工程中不发生时,第三部分收费罩棚养护工程其他费用仍为第三部分。同样,第一部分第一项为检查,第二项为养护,若某项具体工程中无检查项目,但其"项"的序号仍保留,养护工程仍为第二项。但如"目"或"节"发生这样情况时,可依次递补改变序号。

收费罩棚维护维修工程预算项目主要包括以下内容:

第一部分　高速公路收费罩棚养护工程费

第一项　巡检工程

第二项　养护工程

第三项　维修工程

第四项　措施工程

第二部分　设备购置费

第三部分　高速公路收费罩棚养护工程其他费用
第四部分　预备费

高速公路收费罩棚维护维修工程的分类标准按交通运输部颁布的《公路养护技术规范》(JTG H10—2009)和《公路养护工程管理办法》(2001年)、《公路养护工程预算编制导则》(JTG H40—2002)中的有关规定执行。

第四节　预算费用组成

预算费用的组成如图2-3所示。

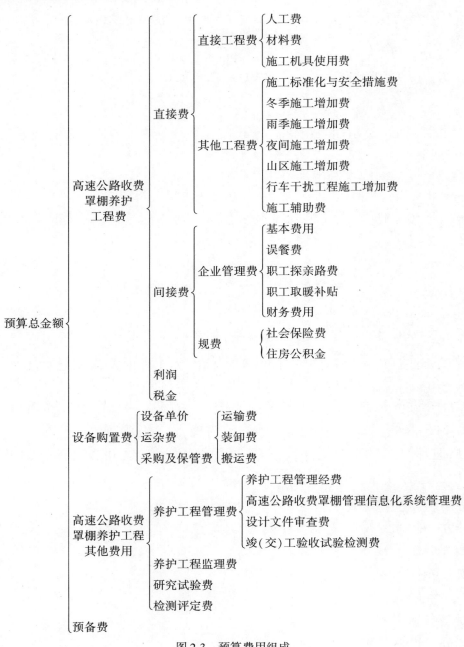

图2-3　预算费用组成

第三章　预算费用标准和计算方法

第一节　高速公路收费罩棚养护工程费

高速公路收费罩棚养护工程费包括直接费、间接费、利润和税金。其中直接费包括直接工程费和其他工程费,间接费包括企业管理费和规费。

直接工程费包括人工费、材料费和施工机具使用费。

其他工程费包括施工标准化与安全措施费、冬季施工增加费、雨季施工增加费、夜间施工增加费、山区施工增加费、行车干扰工程施工增加费和施工辅助费。

企业管理费包括基本费用、误餐费、职工探亲路费、职工取暖补贴和财务费用。

规费包括社会保险费和住房公积金。

直接工程费,即定额基价,指按《北京市高速公路收费罩棚维护维修预算定额》的基价表计算的费用。直接工程费中的人工费、材料费、施工机具使用费按北京市的实际价格乘以《北京市高速公路收费罩棚维护维修预算定额》中规定的人工、材料、机械消耗量计算。直接工程费是计算其他工程费和企业管理费的基数。

渣土消纳费、购买填料的费用不作为其他工程费、企业管理费、利润的计算基数。

一、人工费

人工费系指按工资总额构成规定,支付给从事收费罩棚日常养护的生产工人和附属养护相关工作工人的各项费用。内容包括:

1. 计时工资或计件工资:是指按计时工资标准和工作时间或对已做工作按计件单价支付给个人的劳动报酬。

2. 奖金:是指对超额劳动和增收节支支付给个人的劳动报酬,如节约奖、劳动竞赛奖等。

3. 津贴、补贴:是指为了补偿职工特殊或额外的劳动消耗和因其他特殊原因支付给个人的津贴,以及为了保证职工工资水平不受物价影响支付给个人的物价补贴,如流动施工津贴、特殊地区施工津贴、高温(寒)作业临时津贴、高空津贴等。

4. 加班加点工资:是指按规定支付的在法定节假日工作的加班工资和在法定日工作时间外延时工作的加点工资。

5. 特殊情况下支付的工资:是指根据国家法律、法规和政策规定,因病、工伤、产假、计划生育假、婚丧假、事假、探亲假、定期休假、停工学习、执行国家或社会义务等原因按计时工资标准或计时工资标准的一定比例支付的工资。

人工费标准按照北京市公路建设项目的人工工资统计情况并结合最低工资标准以及

公路建设劳务市场情况进行综合分析,综合工日单价参考北京市道路工程造价定额管理站人工指导价格。

$$人工费 = 预算定额人工工日数 \times 综合工日单价 \tag{3-1}$$

人工费单价仅作为编制高速公路收费罩棚维护维修预算的依据,不作为高速公路收费罩棚管理养护施工企业实发工资的依据。

二、材料费

材料费系指施工过程中耗用的构成工程实体的原材料、辅助材料、构(配)件、零件、半成品或成品、工程设备,按照北京地区的材料预算价格计算的费用。

工程设备是指构成或计划构成永久工程一部分的机电设备、金属结构设备、仪器装置及其他类似的设备和装置。

材料预算价格由材料原价、运杂费、场外运输损耗、采购及保管费组成。

$$材料预算价格 = (材料原价 + 运杂费) \times (1 + 场外运输损耗率) \times \\ (1 + 采购及保管费率) - 包装品回收价值 \tag{3-2}$$

1. 材料原价

各种材料原价按以下规定计算:

(1)外购材料:国家或地方的工业产品,按工业产品出厂价格或供销部门的供应价格计算,并根据情况加计供销部门手续费和包装费。当供应情况、交货条件不明确时,可采用当地规定的价格计算。

(2)地方性材料:地方性材料包括外购的砂、石材料等,按实际调查价格或参考北京市道路工程造价定额管理站指导价格。

(3)自采材料:自采的砂、石、黏土等材料,按单价加辅助生产间接费和矿产资源税(如有)计算。

编制预算的材料原价应按实计取,或参考北京市道路工程造价定额管理站指导价格。

2. 运杂费

运杂费系指材料自供应地点至工地仓库及材料再生循环利用的运杂费用,包括装卸费、运费,如果发生,还应计囤存费及其他杂费(如过磅、标签、支撑加固、路桥通行等费用)。

通过铁路、水路和公路运输的材料,按铁路、航运和当地交通运输部门规定的运价计算运费。

施工单位自办的运输,单程运距15km以上的长途汽车运输按当地交通运输部门规定的统一运价计算运费;单程运距5～15km的汽车运输按当地交通运输部门规定的统一运价计算运费,当工程所在地交通不便时,如某些偏远深山区,允许按当地交通运输部门规定的统一运价加50%计算运费;单程运距5km及以内的汽车运输以及人力场外运输,按现行《公路工程预算定额》(JTG/T B06-02)计算运费,其中人力装卸和运输另按工费加计辅助生产间接费。

一种材料如有两个以上的供应点时,应根据不同的运距、运量、运价采用加权平均的方法计算运费。

有容器或包装的材料及长大轻浮材料，应按表3-1规定的毛重计算。桶装沥青、汽油、柴油按每吨摊销一个旧汽油桶计算包装费(不计回收)。

表3-1　材料毛重系数及单位毛重

材料名称	单位	毛重系数	单位毛重(t)
爆破材料	t	1.35	—
水泥、块状沥青	t	1.01	—
铁钉、铁件、焊条	t	1.10	—
液体沥青、液体燃料、水	t	桶装1.17，油罐车装1.00	—
木料	m³	—	1.000
草袋	个	—	0.004

3. 场外运输损耗

场外运输损耗系指有些材料在正常的运输过程中发生的损耗，这部分损耗应摊入材料单价内。材料场外运输操作损耗率见表3-2。

表3-2　材料场外运输操作损耗率(%)

材料名称		场外运输(包括一次装卸)	每增加一次装卸
块状沥青		0.5	0.2
石屑、碎砾石、砂砾、煤渣、工业废渣、煤		1.0	0.4
砖、瓦、桶装沥青、石灰、黏土		3.0	1.0
草皮		7.0	3.0
水泥(袋装、散装)		1.0	0.4
砂	一般地区	2.5	1.0
	多风地区	5.0	2.0

注：汽车运水泥当运距超过500km时，袋装损耗率增加0.5个百分点。

4. 采购及保管费

材料采购及保管费系指材料供应部门(包括工地仓库以及各级材料管理部门)在组织采购、供应和保管材料过程中，所需的各项费用及工地仓库的材料储存损耗、材料循环利用所需场地费用等。

材料采购及保管费，以材料的原价加运杂费及场外运输损耗的合计数为基数，乘以采购及保管费率计算。材料的采购及保管费率为2.67%。

外购的构件、成品及半成品的预算价格，其计算方法与材料相同，但构件(如外购的钢桁梁、钢筋混凝土构件及加工钢材等半成品)的采购及保管费率为1.07%。

商品混凝土预算价格的计算方法与材料相同，但其采购及保管费率为0。

5. 辅助生产间接费

辅助生产间接费系指由施工单位自行开采加工的砂、石等自采材料及施工单位自办的人工装卸和运输的间接费。

辅助生产间接费按人工费的 5% 计。该项费用并入材料预算单价内构成材料费,不直接出现在预算文件中。

三、施工机具使用费

施工机具使用费系指施工作业所发生的施工机械使用费和仪器仪表使用费。

1. 施工机械使用费

施工机械使用费以施工机械台班耗用量乘以施工机械台班单价表示,施工机械台班单价应由下列 7 项费用组成。

(1) 折旧费:指施工机械在规定的使用年限内,陆续收回其原值的费用。

(2) 大修理费:指施工机械按规定的大修理间隔台班进行必要的大修理,以恢复其正常功能所需的费用。

(3) 经常修理费:指施工机械除大修理以外的各级保养和临时故障排除所需的费用,包括为保障机械正常运转所需替换设备与随机配备工具附具的摊销和维护费用,机械运转中日常保养所需润滑与擦拭的材料费用及机械停滞期间的维护和保养费用等。

(4) 安拆费及场外运费:安拆费指施工机械(大型机械除外)在现场进行安装与拆卸所需的人工、材料、机械和试运转费用以及机械辅助设施的折旧、搭设、拆除等费用;场外运费指施工机械整体或分体自停放地点运至施工现场或由一施工地点运至另一施工地点的运输、装卸、辅助材料及架线等费用。

(5) 人工费:指机上司机和其他操作人员的人工费。

(6) 燃料动力费:指施工机械在运转作业中所消耗的各种燃料及水、电等。

(7) 税费:指施工机械按照国家规定应缴纳的车船使用税、保险费及年检费等。

当工程用电为自行发电时,电动机械每 1kW·h(度)电的单价可由下述近似公式计算:

$$A = 0.24 \frac{K}{N} \tag{3-3}$$

式中:A——每 1kW·h 电单价(元);

K——发电机组的台班单价(元);

N——发电机组的总功率(kW)。

施工机械使用费应按《公路工程机械台班费用定额》(JTG/T B06-03—2007)中数值乘以表 3-3 对应的调整系数计算,结果取 2 位小数。

表 3-3 营改增施工机械台班费用定额调整系数

序号	费用构成项目	系数	备注
1	不变费用		
(1)	折旧费	0.855	
(2)	大修理费	0.884	
(3)	经常修理费	0.898	
(4)	安拆费及场外运费	—	不作调整

续上表

序号	费用构成项目	系数	备注
2	可变费用		
（1）	人工费	—	不作调整
（2）	燃料动力费	—	以不含进项税额的动力燃料预算价格进行计算
（3）	税费	—	不作调整

2. 仪器仪表使用费

仪器仪表使用费是指工程施工所需使用的仪器仪表的摊销及维修费用。其计算公式如下：

$$\text{仪器仪表使用费} = \text{工程使用的仪器仪表摊销费} + \text{维修费} \tag{3-4}$$

四、其他工程费

其他工程费系指为完成建设工程施工，发生于该工程施工前和施工过程中的技术、生活、安全、环境保护等方面的费用。其他工程费以高速公路收费罩棚养护工程的直接工程费为基数，其内容包括：施工标准化与安全措施费、冬季施工增加费、雨季施工增加费、夜间施工增加费、山区施工增加费、行车干扰工程施工增加费、施工辅助费等7项费用。

1. 施工标准化与安全措施费

施工标准化与安全措施费系指工程施工期间为满足安全生产、施工标准化、规范化、精细化所发生的费用，应满足国家、北京市及相应管理单位对施工标准化及安全施工措施的所有要求。该项费用不包括施工期间为保证交通安全而设置的临时安全设施和标志、标牌等的费用，也不包括预制场、拌和站、临时便道、临时便桥的施工标准化费用，应根据施工组织标准化要求单独计算。施工标准化与安全措施费以直接工程费为基数，按固定费率2.10%计取，或按照施工组织设计要求计算，但应能满足国家及北京市的相关规定要求。

2. 冬季施工增加费

冬季施工增加费系指按照《公路养护技术规范》（JTG H10—2009）所规定的冬季施工要求，为保证工程质量和安全生产所需采取的防寒保温措施、工效降低和机械作业率降低以及技术操作过程的改变等所增加的有关费用。

冬季施工增加费的内容包括：

（1）因冬季施工所需增加的一切人工、机械与材料的费用；

（2）施工机具所需修建的暖棚（包括拆、移），增加油脂及其他保温设备费用；

（3）因施工组织设计（施工方案）确定，需增加的一切保温、加温及照明等有关支出；

（4）与冬季施工有关的其他各项费用，如清除工作地点的冰雪等费用。

按全国各地的冬季区划分标准，北京市全境为冬二（Ⅰ）区。冬季施工增加费根据养护工程特点及北京市气温区的取费标准，参考《公路养护工程预算编制导则》（JTG H40—2002）进行取费。

冬季施工增加费以养护工程的直接工程费为基数，按北京市的气温区选用全年平均

0.66%的费率计算。

3. 雨季施工增加费

雨季施工增加费系指雨季期间施工时为保证工程质量和安全生产所需采取的防雨、排水、防潮和防护措施,工效降低和机械作业率降低以及施工作业过程改变等增加的有关费用。

雨季施工增加费的内容包括:

(1)因雨季施工所需增加的工、料、机费用,包括工作效率降低及易被雨水冲毁的工程所增加的工作内容等(如基坑坍塌和排水沟等堵塞的清理、路基边坡冲沟的填补等);

(2)土方工程的开挖和运输,因雨季施工(非土壤中水影响)而引起的黏附工具,降低工效所增加的费用;

(3)因防止雨水必须采取的防护措施的费用,如挖临时排水沟、防止基坑坍塌所需的支撑、挡板等;

(4)材料因受潮、受湿的耗损费用;

(5)增加防雨、防潮设备的费用;

(6)其他有关雨季施工所需增加的费用,如因河水高涨致使工作困难而增加的费用等。

按全国各地雨量区及雨季期的划分标准,北京全境为雨Ⅱ区,雨季期两个月。

雨季施工增加费以养护工程的直接工程费为基数,按北京市的雨量区、雨季期选用全年平均0.10%的费率计算。

4. 夜间施工增加费

夜间施工增加费系指根据设计、施工的技术要求和合理的施工进度要求,必须在夜间连续施工而发生的夜班补助费、夜间施工降效、夜间施工照明设备摊销及照明用电等费用。

夜间施工增加费以夜间施工工程项目的直接工程费为基数,按0.35%的费率计算。

5. 山区施工增加费

山区施工增加费系指山区(海拔高度500m以上)施工时与平原(海拔高度0~500m)相比,交通不便,材料、水电使用困难而增加的费用。根据养护工程施工技术经验,山区施工增加费以直接工程费为计算基数,按0.10%的费率计算。

6. 行车干扰工程施工增加费

行车干扰工程施工增加费系指由于边施工边维持通车,受行车干扰的影响,致使人工、机械效率降低而增加的费用。至于施工期间,为了保证安全生产而设置的临时交通管理设施等措施费用,不在本办法中计列。对于采取封闭措施进行施工的养护工程,不计本项费用。

行车干扰工程施工增加费以受行车影响部分的工程项目的直接工程费为基数,按表3-4的费率计算。

表 3-4 行车干扰工程施工增加费费率

交通量 p[辆/(h·车道)]	费率(%)
$p < 750$	1.43
$750 \leq p < 1600$	1.79
$1600 \leq p < 2000$	2.10
$p \geq 2000$	3.00

注：交通量指施工期间高峰小时平均每车道通过的车辆数。

7. 施工辅助费

施工辅助费包括工程定位复测、工程点交、场地清理等费用。其以养护工程的直接工程费为基数，按0.80%的费率计算。

其他工程费的各项费率按本办法中数值乘以表3-5对应的调整系数计算，结果取2位小数。

表 3-5 营改增其他工程费费率调整系数

工程类别	其他工程费						
	施工标准化与安全措施费	冬季施工增加费	雨季施工增加费	夜间施工增加费	山区施工增加费	行车干扰工程施工增加费	施工辅助费
人工土方	1.058	1.074	1.082	—	1.068	1.077	1.051
机械土方	1.180	1.197	1.207	—	1.192	1.202	1.172
汽车运输	1.197	1.214	1.224	—	1.208	1.218	1.188
人工石方	1.058	1.074	1.082	—	1.068	1.077	1.051
机械石方	1.175	1.191	1.201	—	1.177	1.187	1.166
高级路面	1.202	1.220	1.230	—	1.177	1.187	1.195
其他路面	1.132	1.148	1.158	—	1.158	1.168	1.124
构造物Ⅰ	1.128	1.144	1.153	—	1.080	1.089	1.119
构造物Ⅱ	1.161	1.177	1.187	1.194	1.133	1.143	1.152
构造物Ⅲ	1.172	1.189	1.199	1.205	1.181	1.191	1.164
技术复杂大桥	1.178	1.195	1.205	1.211	1.155	—	1.169
隧道	1.155	1.172	—	—	1.126	—	1.146
钢材及钢结构	1.218	1.235	—	1.252	1.097	—	1.209

五、企业管理费

企业管理费由基本费用、误餐费、职工探亲路费、职工取暖补贴和财务费用五项组成。以直接工程费为基数，费率为4.21%。

1. 基本费用

企业管理费基本费用系指高速公路管理养护施工企业组织施工生产和经营管理所需的费用,内容包括:

(1)管理人员工资:系指管理人员的计时工资、奖金、津贴补贴、加班加点工资及特殊情况下支付的工资等。

(2)办公费:系指企业管理办公用的文具、纸张、账表、印刷、邮电、书报、办公软件、信息化管理、会议、水电、烧水和集体取暖降温(包括现场临时宿舍取暖降温)等费用。

(3)差旅交通费:系指职工因公出差、调动工作的差旅费、住勤补助费,市内交通费和误餐补助费,职工探亲路费,劳动力招募费,职工退休、退职一次性路费,工伤人员就医路费以及管理部门使用的交通工具的油料、燃料等费用。

(4)固定资产使用费:系指管理和试验部门及附属生产单位使用的属于固定资产的房屋、设备、仪器等的折旧、大修、维修或租赁费。

(5)工具用具使用费:系指企业施工生产和管理使用的不属于固定资产的工具、器具、家具、交通工具和检验、试验、测绘、消防用具等的购置、维修和摊销费。

(6)劳动保险费:系指企业支付离退休职工的易地安家补助费、职工退职金、6个月以上的病假人员工资、按规定支付给离休干部的各项经费。

(7)职工福利费:系指按国家规定标准计提的职工福利费。

(8)劳动保护费:系指企业按国家有关部门规定标准发放的劳动保护用品的购置费及修理费,徒工服装补贴,防暑降温费,在有碍身体健康环境中施工的保健费用等。

(9)工会经费:系指企业按《工会法》规定的全部职工工资总额比例计提的工会经费。

(10)职工教育经费:系指按职工工资总额的规定比例计提,企业为职工进行专业技术和职业技能培训,专业技术人员继续教育、职工职业技能鉴定、职业资格认定以及根据需要对职工进行各类文化教育所发生的费用。

(11)财产保险费:系指施工管理用财产、车辆等的保险费用。

(12)检验试验费:系指施工企业按照有关标准规定,对建筑以及材料、构件和建筑安装物进行一般鉴定、检查所发生的费用,包括自设试验室进行试验所耗用的材料等费用。不包括新结构、新材料的试验费,对构件做破坏性试验及其他特殊要求检验试验的费用和建设单位委托检测机构进行检测的费用。对此类检测发生的费用,由建设单位在工程建设其他费用中列支。但对施工企业提供的具有合格证明的材料进行检测不合格的,该检测费用由施工企业支付。本项费用仅在要求进行检验试验的日常养护工程中计取。

(13)工程保修费:系指工程竣工交付使用后,在规定保修期以内的修理费用。本项费用仅在要求进行工程保修的日常养护工程中计取。

(14)税金:系指企业按规定缴纳的房产税、车船使用税、土地使用税、印花税等。

(15)其他:系指上述项目以外的其他必要的费用支出,包括技术转让费、技术开发费、投标费、竣工文件编制费、业务招待费、绿化费、广告费、公证费、法律顾问费、审计费、咨询费等。

基本费用以高速公路养护工程的直接工程费为基数,按3.13%的费率计算。

2. 误餐费

误餐费系指施工人员在现场施工而耽误正常就餐的费用。

根据北京市高速公路养护工程施工特点,该费用以养护工程的直接工程费为基数,按0.24%的费率计算。

3. 职工探亲路费

职工探亲路费系指按照有关规定施工企业职工在探亲期间发生的往返车船费、市内交通费和途中住宿费等费用。

该费用以高速公路养护工程的直接工程费为基数,按0.29%的费率计算。

4. 职工取暖补贴

职工取暖补贴系指按规定发放给职工的冬季取暖或在施工现场设置的临时取暖设施的费用。

该费用以高速公路养护工程的直接工程费为基数,按0.18%的费率计算。

5. 财务费用

财务费用系指施工企业为筹集资金提供预付款担保、履约担保、职工工资支付担保等所发生的各种费用。包括企业经营期间发生的短期贷款利息净支出、汇兑净损失、调剂外汇手续费、金融机构手续费,以及企业筹集资金发生的其他财务费用。

财务费用以高速公路维护维修工程的直接工程费为基数,按0.37%的费率计算。

企业管理费的费率按本办法中数值乘以表3-6对应的调整系数计算,结果取2位小数。

表3-6 营改增企业管理费费率调整系数

工程类别	企业管理费				
	基本费用	误餐费	职工探亲路费	职工取暖补贴	财务费用
人工土方	1.113	1.013	1.087	1.068	1.075
机械土方	1.236	1.124	1.207	1.186	1.194
汽车运输	1.259	1.146	1.229	1.208	1.216
人工石方	1.113	1.013	1.087	1.068	1.075
机械石方	1.233	1.122	1.203	1.183	1.190
高级路面	1.259	1.146	1.230	1.209	1.217
其他路面	1.189	1.082	1.161	1.141	1.148
构造物Ⅰ	1.185	1.078	1.156	1.136	1.144
构造物Ⅱ	1.218	1.109	1.189	1.168	1.176
构造物Ⅲ	1.231	1.120	1.201	1.180	1.188
技术复杂大桥	1.235	1.124	1.207	1.186	1.192
隧道	1.212	1.103	1.184	1.163	1.170
钢材及钢结构	1.274	1.159	1.244	1.223	1.231

六、规费

规费系指按国家法律、法规规定,由省级政府和省级有关权力部门规定必须缴纳或计取的费用。规费包括社会保险费和住房公积金。

1. 社会保险费

（1）养老保险费：系指企业按照规定标准为职工缴纳的基本养老保险费，包括职工死亡丧葬补助费、抚恤费。

（2）失业保险费：系指企业按照规定标准为职工缴纳的失业保险费。

（3）医疗保险费：系指企业按照规定标准为职工缴纳的基本医疗保险费。

（4）工伤保险费：系指企业按照规定标准为职工缴纳的工伤保险费。

（5）生育保险费：系指企业按照规定标准为职工缴纳的生育保险费。

2. 住房公积金

系指企业按规定标准为职工缴纳的住房公积金。

社会保险费和住房公积金以北京市高速公路养护预算定额的人工费（含机械中人工费）之和为基数，按北京市相关规定推荐使用费率32.3%计算。

七、利润

利润系指高速公路收费罩棚管理养护施工企业完成所承包工程应取得的盈利。

利润以直接费、间接费之和扣除规费为基数，按7.42%的利润率计算。

利润按公式(3-5)计算：

$$利润 = (直接费 + 间接费 - 规费) \times 7.42\% \tag{3-5}$$

八、税金

税金系指国家税法规定的应计入高速公路管理养护工程造价内的营业税、城市维护建设税和教育费附加。税金以直接费、间接费、利润之和为基数，按11%的税率计算：

$$税金 = (直接费 + 间接费 + 利润) \times 11\% \tag{3-6}$$

第二节　设备购置费

设备购置费系指为满足公路的营运、管理、养护需要，购置的构成固定资产标准的设备和虽低于固定资产标准但属于设计明确列入设备清单的设备的费用，包括养护用的机械、设备和工具、器具等的购置费用。

设备购置费应由设计单位列出计划购置的清单（包括设备的规格、型号、数量），按公式(3-7)计算：

$$设备购置费 = \sum(设备单价 \times 设备购置数量 + 运杂费) \times (1 + 采购及保管费率) \tag{3-7}$$

其中，运杂费包括运输费、装卸费和搬运费。

第三节　高速公路收费罩棚养护工程其他费用

高速公路收费罩棚养护工程其他费用包括：养护工程管理费、养护工程监理费、研究试验费、检测评定费。

一、养护工程管理费

养护工程管理费包括高速公路收费罩棚养护工程管理经费、高速公路收费罩棚管理信息化系统管理费、设计文件审查费和竣(交)工验收试验检测费。

1. 养护工程管理经费

养护工程管理经费系指公路养护管理单位或公路管理机构委托的相关单位,为高速公路收费罩棚养护工程项目的计划制订(含确定检查、保养频率和维修工程数量)、预算编制,养护质量、安全管理,检查验收,工程结算、决算和技术档案管理等工作所发生的管理费用。不包括应计入设备、材料预算价格的高速公路收费罩棚养护管理机构采购及保管设备、材料所需的费用。

费用内容包括:工作人员的基本工资、工资性补贴、施工现场津贴、社会保障费用(基本养老、基本医疗、失业、工伤保险)、住房公积金、职工福利费、工会经费、劳动保护费、办公费、会议费、差旅交通费、固定资产使用费(包括办公及生活房屋折旧、维修或租赁费,车辆折旧、维修、使用或租赁费,通信设备购置、使用费,测量、试验设备仪器折旧、维修或租赁费,其他设备折旧、维修或租赁费等)、零星固定资产购置费、招募生产工人费、技术图书资料费、职工教育经费、工程招标费(不含招标文件及标底或招标控制价编制费)、合同契约公证费、法律顾问费、咨询费、建设单位的临时设施费、完工清理费、竣工验收费(含其他行业或部门要求的竣工验收费用)、房产税、车船使用税、印花税、建设项目审计费、境内外融资费用(不含建设期贷款利息)、业务招待费、安全生产管理费和其他管理费用性质的开支。

高速公路收费罩棚养护工程管理经费以第一部分"高速公路收费罩棚养护工程费"总额为基数,按表3-7的费率,以累进办法计算。

表3-7 高速公路收费罩棚养护工程管理经费费率

高速公路收费罩棚养护工程费 M(万元)	费率(%)
$M < 300$	1.81
$300 \leq M < 500$	1.46
$500 \leq M < 1000$	1.31
$1000 \leq M < 5000$	0.95
$5000 \leq M < 10000$	0.80
$10000 \leq M < 50000$	0.61
$50000 \leq M < 100000$	0.41
$M \geq 100000$	0.33

注:未实行公开招标的收费罩棚养护维修工程不计取此项费用。

2. 高速公路收费罩棚管理信息化系统管理费

高速公路收费罩棚管理信息化系统管理费系指为保证高速公路收费罩棚的服务功能,进行高速公路收费罩棚的调查,及对高速公路收费罩棚各项指标的检测、评定、数据的采集及数据库的维护和动态管理。

高速公路收费罩棚管理信息化系统管理费以实际发生为准。

3. 设计文件审查费

设计文件审查费系指高速公路收费罩棚养护主管部门在项目审批前,为保证勘察设计工作的质量,组织有关专家或委托有资质的单位,对设计单位提交的建设项目可行性研究报告和勘察设计文件以及对设计变更、调整概算进行审查所需要的相关费用。

设计文件审查费以第一部分"高速公路收费罩棚养护工程费"中需要进行建设项目可行性研究、勘察设计工作的工程项目金额为基数,按0.1%计算。

4. 竣(交)工验收试验检测费

竣(交)工验收试验检测费系指在高速公路收费罩棚养护项目交工验收和竣工验收前,由管养单位或工程质量监督机构委托有资质的公路工程质量检测单位按照有关规定对养护项目的工程质量进行检测,并出具检测意见所需要的相关费用。竣(交)工验收试验检测费按需要进行竣(交)工验收试验检测的高速公路收费罩棚养护工程费的0.6%计算。

二、养护工程监理费

养护工程监理费系指高速公路收费罩棚养护工程管理单位委托具有公路工程监理资格的单位,按有关规定进行全面的监督与管理所发生的费用。

费用内容包括:工作人员的基本工资、工资性津贴、社会保障费用(基本养老、基本医疗、失业、工伤保险)、住房公积金、职工福利费、工会经费、劳动保护费;办公费、会议费、差旅交通费、固定资产使用费(包括办公及生活房屋折旧、维修或租赁费,车辆折旧、维修、使用或租赁费,通信设备购置、使用费,测量、试验、检测设备仪器折旧、维修或租赁费,其他设备折旧、维修或租赁费等)、零星固定资产购置费、招募生产工人费;技术图书资料费、职工教育经费、投标费用;合同契约公证费、咨询费、业务招待费;财务费用、监理单位的临时设施费、各种税费和其他管理性开支。

养护工程监理费以高速公路收费罩棚养护工程费总额为基数,按表3-8规定的标准进行内插计算。

表 3-8 高速公路收费罩棚养护工程监理费费率表

高速公路收费罩棚养护工程费 M(万元)	费率 $b(\%)$
$M < 500$	$b > 2.50$
$500 \leq M < 1000$	$2.00 < b \leq 2.50$
$1000 \leq M < 5000$	$1.40 < b \leq 2.00$
$5000 \leq M < 10000$	$1.20 < b \leq 1.40$
$10000 \leq M < 50000$	$0.80 < b \leq 1.20$
$50000 \leq M < 100000$	$0.60 < b \leq 0.80$
$M \geq 100000$	$b \leq 0.60$

注:未实行全委托社会监理的养护工程不计取此项费用。

三、研究试验费

研究试验费系指为收费罩棚养护工程提供或验证设计数据、资料进行必要的研究试验和按照设计规定在施工过程中必须进行试验所需的费用,以及支付科技成果、先进技术

的一次性技术转让费。该费用内容不包括:

1. 应由科技三项费用(即新产品试制费、中间试验费和重要科学研究补助费)开支的项目。

2. 应由施工辅助费开支的施工企业对建筑材料、构件和建筑物进行一般鉴定、检查所发生的费用及技术革新研究试验费。

3. 应由勘察设计费或基本建设投资中开支的项目。

计算方法:按照设计提出的研究试验内容和要求进行编制,不需验证设计基础资料的不计本项费用。

四、检测评定费

检测评定费系指依据国家法律、法规或有关文件规定须对路基、路面、桥梁、隧道等进行定期或特殊检查评定的费用。

计算方法:按高速公路收费罩棚管理单位与公路桥梁检测中心或具有相应资质的科研设计单位、工程咨询单位签订的委托特殊检查合同中所确定的费用计算。

第四节 预 备 费

预备费系在初步设计和施工图设计中难以预料的工程和费用。在高速公路收费罩棚养护工程管理养护期限内,凡需动用预备费时,需经养护管理单位提出,按项目隶属关系,报交通运输厅(局、委)公路养护管理部门核定批准。其用途如下:

1. 在养护工程实施中,在批准的设计预算范围内所增加的工程和费用。

2. 在设备订货时,由于规格、型号改变的价差;材料货源变更、运输距离或方式的改变以及因规格不同而代换使用等原因发生的价差。

3. 由于一般自然灾害所造成的损失和预防自然灾害所采取的措施费用。

4. 在上级主管部门组织竣工验收时,验收委员会(或小组)为鉴定工程质量必须开挖和修复隐蔽工程的费用。

计算方法:以第一、二、三部分费用之和为基数,按下列费率计算。

1. 养护工程投资计划:各类养护工程均按9%计列。

2. 养护工程施工图预算:各类养护工程均按3%计列。

第五节 各项费用的计算程序及计算方式

高速公路收费罩棚养护工程各项费用的计算程序及计算方式见表3-9。

表3-9 高速公路收费罩棚养护工程各项费用的计算程序及计算方式

代号	项 目	计 算 方 法
一	高速公路收费罩棚养护工程费	(二)+(三)+(四)+(五)+(六)+(七)+(八)+(九)

续上表

代号	项 目		计 算 方 法
二	直接工程费	人工费	按编制年工程所在地的预算价格计算
三		材料费	按编制年工程所在地的预算价格计算
四		施工机具使用费	按编制年工程所在地的预算价格计算
五	其他工程费*	施工标准化与安全措施费	[(二)+(三)+(四)]×2.10%
		冬季施工增加费	[(二)+(三)+(四)]×0.66%
		雨季施工增加费	[(二)+(三)+(四)]×0.10%
		夜间施工增加费	[(二)+(三)+(四)]×0.35%
		山区施工增加费	[(二)+(三)+(四)]×0.10%
		行车干扰工程施工增加费	[(二)+(三)+(四)]×费率
		施工辅助费	[(二)+(三)+(四)]×0.80%
六	企业管理费*	基本费用	[(二)+(三)+(四)]×3.13%
		误餐费	[(二)+(三)+(四)]×0.24%
		职工探亲路费	[(二)+(三)+(四)]×0.29%
		职工取暖补贴	[(二)+(三)+(四)]×0.18%
		财务费用	[(二)+(三)+(四)]×0.37%
七	规费	社会保险费	(二)×32.3%
		住房公积金	
八	利润		[(二)+(三)+(四)+(五)+(六)]×7.42%
九	税金		[(二)+(三)+(四)+(五)+(六)+(七)+(八)]×11%
十	设备购置费		Σ(设备单价×设备购置数量+运杂费)×(1+采购及保管费率)
十一	高速公路收费罩棚养护工程其他费用		(十二)+(十三)+(十四)+(十五)
十二	养护工程管理费	养护工程管理经费	(一)×费率
		高速公路收费罩棚管理信息化系统管理费	以实际发生为准
		设计文件审查费	(一)×0.1%
		竣(交)工验收试验检测费	(一)×0.6%
十三	养护工程监理费		(一)×费率
十四	研究试验费		以实际发生为准
十五	检测评定费		按委托特殊检查合同中所确定的费用计算
十六	预备费		[(一)+(十)+(十一)]×费率

*注:其他工程费、企业管理费的计算方法中,均须再乘以营改增调整系数。

附录一 预算项目表

章	节	子目		工程或费用名称	单 位
				第一部分 高速公路收费罩棚养护工程费	
一				巡检工程	
	1			日常巡查	
		1		<600m²	座
		2		600~1000m²	座
		3		>1000m²	座
	2			日常检查	
		1		<600m²	座
		2		600~1000m²	座
		3		>1000m²	座
	3			定期检查	
		1		<600m²	座
		2		600~1000m²	座
		3		>1000m²	座
	4			应急检查	
		1		<600m²	座
		2		600~1000m²	座
		3		>1000m²	座
二				养护工程	
	1			收费罩棚整体清洁	
		1		<600m²	10m²
		2		600~1000m²	10m²
		3		>1000m²	10m²
	2			天沟、排水管线及棚顶板清洁	
		1		<600m²	10m²
		2		600~1000m²	10m²
		3		>1000m²	10m²
	3			钢构件	
		1		现场除锈(动力工具)	10m²

续上表

章	节	子目	工程或费用名称	单 位
		2	油漆（环氧封闭底漆）	10m²
		3	油漆（中间漆）	10m²
		4	油漆（聚氨酯面漆两遍）	10m²
		5	油漆（防火漆两遍）	10m²
		6	变形矫正	t
	4		螺栓	
		1	涂油加盖柱帽	10个
		2	紧固	10个
	5		焊缝返修	10m
	6		局部污渍清理	10m²
	7		局部防腐处理	10m²
	8		封堵螺栓球孔洞	100个
	9		板（卷）材修补	
		1	钢板	m²
		2	彩钢板	m²
		3	防水卷材	m²
	10		排水管线疏通	m
	11		补打铆钉	100个
	12		板缝补胶	100m
	13		板材变形矫正	
		1	装饰板	10m²
		2	标志板面	10m²
		3	棚顶板	10m²
	14		电气线路维修	回路
	15		站名牌检修	个字
	16		防水处理	
		1	改性沥青卷材（自黏）聚酯胎单层	m²
		2	改性沥青卷材（自黏）聚酯胎每增一层	m²
		3	改性沥青卷材（热熔）聚酯胎聚酯胎单层	m²
		4	改性沥青卷材（热熔）聚酯胎每增一层	m²
		5	聚氨酯防水涂料2mm厚	m²
		6	聚氨酯防水涂料每增减0.1mm	m²
		7	防水砂浆	m²
	17		混凝土剔凿	
		1	剔凿保护层	m²

续上表

章	节	子目	工程或费用名称	单 位
		2	表面凿毛	m²
	18		混凝土修补	
		1	水泥砂浆抹面	m²
		2	环氧树脂抹面	m²
		3	聚合物混凝土修补	m³
	19		混凝土裂缝修复	
		1	裂缝表面封闭	m
		2	压力灌注(裂缝宽度≤0.2mm)	m
		3	压力灌注(裂缝宽度≤0.5mm)	m
		4	压力灌注(裂缝宽度>0.5mm)	m
三			维修工程	
	1		钢构件加固	
		1	钢圈梁制作安装	t
		2	环箍竖铁制作安装	t
		3	钢支撑制作安装	t
		4	钢抱柱制作安装	t
	2		钢立柱更换	
		1	钢立柱拆除	t
		2	钢立柱制作安装	t
	3		支座更换	
		1	支座拆除	t
		2	支座制作安装	t
	4		网架杆件更换	
		1	网架杆件拆除	t
		2	网架杆件安装	t
	5		螺栓球更换	t
	6		装饰板更换	
		1	铝塑板	m²
		2	铝板	m²
	7		装饰龙骨更换	m
	8		棚顶板更换	
		1	混凝土板拆除	m²
		2	混凝土板安装	m²
		3	彩钢板拆除	m²
		4	彩钢板安装	m²

续上表

章	节	子目	工程或费用名称	单　　位
		5	复合板拆除	m²
		6	复合板安装	m²
	9		钢檩条更换	
		1	钢檩条拆除	t
		2	钢檩条制作安装	t
	10		防水层更换	m²
	11		天沟更换	t
	12		排水管线更换	
		1	塑料管更换	m
		2	钢管更换	m
	13		站名牌更换	
		1	钛金字更换	m²
		2	亚力克字更换	m²
	14		站名牌支架更换	t
	15		广告灯箱更换	m²
	16		标志牌更换	
		1	单柱式标志牌更换	m²
		2	非单柱式标志牌更换	m²
	17		照明灯具更换	套
	18		信号指示灯更换	套
	19		避雷设施更换	
		1	接闪器更换	套
		2	引下线更换	m
	20		钢梯更换	
		1	钢梯拆除	t
		2	螺旋式钢梯制作安装	t
	21		电力管线更换	m
	22		拆除恢复	
		1	装饰板	m²
		2	棚顶板	m²
		3	站名牌	个
		4	钢构件	t
	23		拆除路面	
		1	风镐拆除沥青混凝土路面层	10m²
		2	风镐拆除混凝土路面层	10m²

续上表

章	节	子目	工程或费用名称	单 位
		3	人工拆除步道砖	10m²
		4	风镐拆除基层	10m²
	24		拆除缘石	10m
	25		拆除砖石结构	m³
	26		拆除混凝土结构	
		1	风镐拆除	m³
		2	液压混凝土破碎炮拆除	m³
	27		基坑土方开挖	
		1	一、二类土	m³
		2	三类土	m³
		3	四类土	m³
	28		基坑打钎拍底	
		1	打钎	m²
		2	拍底	m²
	29		垫层	
		1	灰土垫层	m³
		2	混凝土垫层	m³
	30		基坑回填	
		1	回填素土	m³
		2	回填灰土	m³
		3	回填砂石	m³
	31		场内亏（余）土运输	
		1	300m	m³
		2	每增减50m	m³
	32		混凝土基础增大截面	
		1	现拌混凝土	m³
		2	预拌混凝土	m³
		3	水泥基灌浆料	m³
	33		混凝土基础粘贴钢板加固	
		1	板厚3mm	m²
		2	板厚4mm	m²
		3	板厚5mm	m²
	34		钢筋工程	
		1	φ10以内钢筋	t
		2	φ10以外钢筋	t

续上表

章	节	子目	工程或费用名称	单位
		3	铁件	kg
		4	铺钢丝网	m²
	35		地基基础加固	
		1	补强注浆法	m³
		2	加大基础法	m³
		3	粘贴钢板法	m²
	36		冲空加固	
		1	砌石	m³
		2	水泥砂浆	m³
		3	混凝土	m³
	37		网架整体顶升	点
	38		边坡修整	100m²
	39		护坡	
		1	土工格栅植草护坡	m²
		2	现浇混凝土护坡	m³
		3	预制混凝土护坡	m³
		4	灰浆抹面护坡	m³
		5	石砌护坡	m³
四			措施工程	
	1		脚手架	
		1	满堂脚手架(层高4.5m以内)	10m²
		2	满堂脚手架(层高4.5m以上每增1m)	10m²
		3	独立柱装修脚手架	10m
		4	双排脚手架	10m²
		5	钢管斜道	步
		6	单独铺板	10m
		7	立挂密目网	10m²
		8	支撑式安全网	10m
	2		交通导改	
		1	交通导改(白天)1车道·天	1车道·天
		2	交通导改(白天)每增加1车道	1车道·天
		3	交通导改(夜间)1车道·天	1车道·天
		4	交通导改(夜间)每增加1车道	1车道·天
		5	交通导改(全天24h)1车道	1车道
		6	交通导改(全天24h)每增加1车道	1车道

续上表

章	节	子目	工程或费用名称	单 位
	3		沉降观测	
		1	钢构件上设置沉降观测点	点
		2	混凝土上设置沉降观测点	点
		3	土基上设置沉降观测点	点
		4	沉降观测	点
			第二部分　设备购置费	座
			设备购置费	座
			第三部分　高速公路收费罩棚养护工程其他费用	座
	1		养护工程管理费	
		1	养护工程管理经费	座
		2	高速公路收费罩棚管理信息化系统管理费	座
		3	设计文件审查费	座
		4	竣(交)工验收试验检测费	座
	2		养护工程监理费	座
	3		研究试验费	座
	4		检测评定费	座
			第一、二、三部分费用合计	元
			第四部分　预备费	元
			预备费	元
			预算总金额	元

附录二 封面、扉页、目录及预算表格样式

Ⅰ.封面样式

×××公路收费罩棚养护工程预算

（K××+×××~K××+×××）

第　册共　册

（编制单位）

年　月

Ⅱ. 扉页样式

×××公路收费罩棚养护工程预算

(K××+×××~K××+×××)

第　　册　共　　册

编制：(签字并加盖资格印章)

复核：(签字并加盖资格印章)

　　(编制单位)

　　年　　月

Ⅲ. 目录格式

目　　录

1. 编制说明
2. 总预算汇总表(01-1 表)
3. 总预算表(01 表)
4. 人工、主要材料、机械台班数量汇总表(02 表)
5. 高速公路收费罩棚养护工程费计算表(03 表)
6. 其他工程费及企业管理费、规费综合费率计算表(04 表)
7. 设备购置费计算表(05 表)
8. 高速公路收费罩棚养护工程其他费用计算表(06 表)
9. 人工、材料、机械台班单价汇总表(07 表)
10. 高速公路收费罩棚养护工程费计算数据表(08-1 表)
11. 分项工程预算表(08-2 表)
12. 材料预算单价计算表(09 表)
13. 自采材料料场价格计算表(10 表)
14. 机械台班单价计算表(11 表)

Ⅳ. 预算表格

总预算汇总表

养护工程名称：　　　　　　　　　　　　　　　第　页,共　页　　01-1 表

项次	工程或费用名称	单位	总数量	合计金额	预算金额(元)		技术经济指标	各项费用比例(%)	备注
						合计			
		填表说明： 1. 一个养护项目分若干单项工程编制预算时,应通过本表汇总全部养护项目预算金额。 2. 本表反映一个养护项目的各项费用组成、预算总值和技术经济指标。 3. 本表"项次""工程或费用名称""单位""总数量""预算金额"应由各单项或各单位工程总预算表(01 表)转来。 4. "技术经济指标"以各项预算金额汇总合计除以相应总数量计算；"各项费用比例"以汇总的各项目预算金额合计除以单项预算金额合计计算。								

编制：　　　　　　　　　　　　　　　　　　　　　　　　　　复核：

总 预 算 表

养护工程名称：　　　　　　　　　　　　　　　　　　第　　页，共　　页　　01表

项	目	节	工程或费用名称	单位	数量	预算金额（元）	技术经济指标	各项费用比例（%）	备注
			填表说明： 1. 本表反映一个单项工程或单位工程的各项费用组成、预算金额和技术经济指标等。 2. 本表"项""目""节""工程或费用名称""单位"等应按预算项目表的序列及内容填写。"目""节"可视需要增减，但"项"应保留。 3. "数量""预算金额"由养护工程费计算表(03表)和养护工程其他费用计算表(06表)转来。 4. "技术经济指标"以各项目预算金额除以相应数量计算；"各项费用比例"以各项预算金额除以总预算金额计算。						

编制：　　　　　　　　　　　　　　　　　　　　　　　　　　　　　　　　　　　　复核：

人工、主要材料、机械台班数量汇总表

养护工程名称：　　　　　　　　　　　　　　　　　　第　　页，共　　页　　02表

序号	规格名称	单位	总数量	分 项 统 计					场外运输损耗	
									%	数量
			填表说明：本表各栏数据由分项工程预算表(08-2表)经分析计算后统计而来。							

编制：　　　　　　　　　　　　　　　　　　　　　　　　　　　　　　　　　　　　复核：

高速公路收费罩棚养护工程费计算表

养护工程名称：　　　　　　　　　　　　　　　　　　　　　第　　页,共　　页　　03表

序号	工程名称	单位	工程量	定额人工费	定额材料费	定额施工机具使用费	其他工程费	企业管理费	规费	利润	税金

编制：　　　　　　　　　　　　　　　　　　　　　　　　　　　　　　　　　复核：

其他工程费及企业管理费、规费综合费率计算表

养护工程名称：　　　　　　　　　　　　　　　　　　　　　第　　页,共　　页　　04表

序号	其他工程费费率（%）								企业管理费费率（%）						规费费率（%）		
	施工标准化与安全措施费	冬季施工增加费	雨季施工增加费	夜间施工增加费	山区施工增加费	行车干扰工程施工增加费	施工辅助费	综合费率	基本费用	误餐费	职工探亲路费	职工取暖补贴	财务费用	综合费率	社会保险费	住房公积金	综合费率
1	2	3	4	5	6	7	8	9	10	11	12	13	14	15	16	17	18
	填表说明:本表应根据日常养护工程项目具体情况,按日常养护年度费用估算编制办法有关规定填入数据计算。																

编制：　　　　　　　　　　　　　　　　　　　　　　　　　　　　　　　　　复核：

设备购置费计算表

养护工程名称：　　　　　　　　　　　　　　　　　第　页,共　页　　05 表

序号	名称规格型号	购置数量	单位	设备单价(元)	运杂费(元)	采购及保管费率(%)	备注
1	2	3	4	5	6	7	8
	填表说明： 1.运杂费包括：运输费、装卸费和搬运费。 2.9 = $\sum(3 \times 5 + 6) \times (1 + 7)$。						
设备购置费总计(元)						9	

编制：　　　　　　　　　　　　　　　　　　　　　　　　　　　　复核：

高速公路收费罩棚养护工程其他费用计算表

养护工程名称：　　　　　　　　　　　　　　　　　第　页,共　页　　06 表

序　号	费用名称	说明及计算式	金额(元)	备注
	填表说明:本表应按具体发生的养护工程其他费用项目填写,需要说明和具体计算的费用项目依次相应在说明及计算式栏内填写。			

编制：　　　　　　　　　　　　　　　　　　　　　　　　　　　　复核：

人工、材料、机械台班单价汇总表

养护工程名称： 　　　　　　　　　　　　　　　　　　　　第　　页，共　　页　　07 表

序号	名称	单位	代号	预算金额(元)	备注	序号	名称	单位	代号	预算金额(元)	备注
	填表说明:本表预算单价主要由材料预算单价计算表(09表)和机械台班单价计算表(11表)转来。										

编制： 　　　　　　　　　　　　　　　　　　　　　　　　　　　　　　　　　　复核：

高速公路收费罩棚养护工程费计算数据表

养护工程名称： 　　　　　　　　　　　　　　　　　　　　第　　页，共　　页　　08-1 表

序号	本项目数	目的代号	本目节数	节的代号	本节细目数	细目的代号	费率编号	定额个数	定额代号	项或目或节或细目或定额的名称	单位	数量	定额调整情况
										填表说明: 1. 本表应逐行从左到右横向跨栏填写。 2. "项""目""节""细目""定额"等的代号应根据实际需要按预算项目表的内容填写。 3. 本表主要是为利用计算机软件编制概、预算提供基础数据,具体填表规则由软件用户手册详细制定。			

编制： 　　　　　　　　　　　　　　　　　　　　　　　　　　　　　　　　　　复核：

分项工程预算表

养护工程名称：　　　　　　　　　　　　　　　　　　　　第　页，共　页　　08-2 表

编号	工程项目									合计	
	工程细目										
	定额单位										
	工程数量										
	定额表号										
	工、料、机名称	单位	单价（元）	定额	数量	金额（元）	定额	数量	金额（元）	定额	数量	金额（元）	数量	金额（元）
1	人工	工日												
2	…													
	定额基价	元												
	工料机合计	元	填表说明：											
	其他工程费	元	1. 本表按具体分项工程项目数量、对应估算定额子目填写，单价由人工、材料、机械台班单价汇总表（07 表）转来，金额＝工、料、机各项的单价×定额×数量。											
	企业管理费	元	2. 其他工程费按相应项目的规定计算。 3. 企业管理费按相应项目的规定计算。											
	规费	元	4. 规费按相应项目的人工费×规定费率计算。 5. 利润按相应项目的规定计算。 6. 税金按相应项目的规定计算。											
	利润及税金	元												
	养护工程费	元												

材料预算单价计算表

养护工程名称： 第 页,共 页 09表

序号	规格名称	单位	单价(元)	运杂费				单价运费合计(元)	场外运输损耗		采购及保管费		预算单价(元)
				供应地点	运输方式、比重及运距	毛重系数或单位毛重	运杂费构成说明或计算式	单位运费(元)		费率(%)	金额(元)	费率(%)	金额(元)

填表说明：
1. 本表计算各种材料自供应地点或料场至工地的全部运杂费与材料单价及其他费用组成预算单价。
2. 运输方式按汽车、船舶、拖拉机等及所占运输比重填写。
3. 毛重系数、场外运输损耗、采购及保管费按规定填写。
4. 根据材料供应地点、运输方式、运输单价、毛重系数等，通过运杂费构成说明或计算式，计得材料单位运费。
5. 材料单价与单位运费、场外运输损耗、采购及保管费组成材料预算单价。

编制： 复核：

自采材料料场价格计算表

养护工程名称： 第 页,共 页 10表

序号	定额号	材料规格名称	单位	料场价格(元)	人工(工日)单价(元)		( )单价(元)		( )单价(元)		( )单价(元)		( )单价(元)	
					定额	金额	定额	金额	定额	金额	定额	金额	定额	金额

填表说明：
1. 本表主要用于分析计算自采材料料场价格，应将选用的定额人工、材料、机械台班数量全部列出，包括相应的工、料、机单价。
2. 材料规格用途相同而生产方式(如人工锤碎石、机械轧碎石)不同时，应分别计算单价，再以各种生产方式所占比重根据合计价格加权平均计算料场价格。
3. 定额中机械台班有调整系数时，应在本表内计算。

编制： 复核：

机械台班单价计算表

养护工程名称： 第 页，共 页　11 表

序号	定额号	机械规格名称	台班单价(元)	不变费用(元)		可变费用(元)								合计
				调整系数		人工：(元/工日)		汽油：(元/kg)		柴油：(元/kg)		…		
				定额	调整值	定额	金额	定额	金额	定额	金额	定额	金额	
			填表说明：											
			1.本表应根据公路工程机械台班费用定额进行计算。											
			2.人工、动力燃料的单价由材料预算单价计算表(09表)转来。											

编制：　　　　　　　　　　　　　　　　　　　　　　　　　复核：